MI
BUENOS AIRES
QUERIDO

D1719203

My beloved
Mein geliebtes
Mon cher
BUENOS AIRES

Le Comte, Sophie Gloria Inés
    Mi Buenos Aires querido / Sophie Gloria Inés Le Comte ; ilustrado por Sophie Le Comte.
- 1a ed. - Martínez : Maizal, 2008.
    144 p. : il. ; 16x16 cm.

    ISBN 978-987-9479-34-6

    1. Poesía Argentina . 2. Tangos. I. Le Comte, Sophie, ilus. II. Título
CDD A861

Fecha de catalogación: 18/03/2008

La autora agradece la gran ayuda de Isabella Berczely y de Nicolás Rubió.

Diseño: Sophie le Comte
© Maizal Ediciones, 2008
Hecho el depósito que previene la ley 11.723
ISBN 978-987-9479-34-6
Editado por Maizal Ediciones
Muñiz 438, B1640FDB, Martínez, Buenos Aires, Argentina
E-mail: info@maizal.com
Impreso en noviembre de 2010 por Latingráfica.

Mi Buenos Aires Querido

Sophie le Comte

My beloved
Mein geliebtes
Mon cher
Buenos Aires

Río de la Plata · The River Plate · The River Plate · Le Río de la Plata

La Boca

La Boca, el lugar donde el Riachuelo desemboca en el Río de la Plata, es el barrio más pintoresco y colorido de Buenos Aires.

La Boca, the place where the Riachuelo flows into the Río de la Plata, is the most picturesque and colourful neighbourhood of Buenos Aires.

La Boca, wo der Riachuelo in den Río de la Plata mündet, ist der malerischste Stadtviertel von Buenos Aires.

La Boca, l'endroit de la côte où la rivière Riachuelo débouche dans le Río de la Plata, c'est le quartier le plus pittoresque et colorié de Buenos Aires.

Caminito

Caminito

Caminito que el tiempo
ha borrado, que juntos un día
nos viste pasar, he venido
por última vez, he venido
a contarte mi mal.

Little path

Little path that time has erased,
That one day saw us
pass by together,
I have come for the last time,
I have come to tell you my woes.

Kleiner Weg

Kleiner Weg, den die Zeit aus-
gelöscht hat, der uns eines Tages
zusammen gehen sehen hat,
ich bin zum letzten Mal
gekommen, ich bin gekommen,
um Dir mein Leid zu erzählen.

Sentier

Sentier, que le temps a effacé,
qu'entrelacés un jour tu nous a
vu passer, je suis ici,
une dernière fois pour
te conter mon malheur.

Tango
Letra, Lyrics, Text, Texte: Gabino Coria Peñolaza
Música, Music, Musik, Musique: Juan de Dios Filiberto

Riachuelo

Puente Avellaneda · Avellaneda Bridge · Avellaneda Brücke · Pont Avellaneda

Caminito

A LOS
FUNDADORES
Y A LA GENTE,
A LOS ARTISTAS
Y A LOS ÍDOLOS,
AL TANGO Y AL FÚTBOL
QUE HICIERON DE LA BOCA
UN DESTINO Y UN MITO.

Club Boca Juniors · Boca Juniors Club · Klub Boca Juniors · Club Boca Junios

San Telmo

En San Telmo, el barrio más antiguo de Buenos Aires, se pueden visitar sus viejas iglesias, sus negocios y su feria de antigüedades.

In San Telmo, the oldest neighbourhood of Buenos Aires, old churches, antiques' shops and the famous Sunday market can be visited.

San Telmo ist das älteste Stadtviertel von Buenos Aires. Hier kann man alte Kirchen, Antiquitätenläden und den sonntäglichen Flohmarkt besuchen.

À San Telmo, le quertier le plus ancien de Buenos Aires, il est conseillé de visiter les vieilles églises, ses magasins et sa foire d'antiquités.

"El tango es un pensamiento triste que se baila" · "The tango is a sad thought danced"
"Tango ist ein trauriger Gedanke, den man tanzt" · "Le tango est une triste pensée qui ce dance"

Carlos Gardel

CARBONI

Mercado de San Telmo · San Telmo Market · Flohmarkt in San Telmo · Marché aux puces de San Telmo

San Telmo

San Roque

Santo Domingo

San Ignacio

San Francisco

San Pedro Telmo

San Pedro Telmo

Melodía de Arrabal

Barrio plateado por la luna,
rumores de milonga es toda
su fortuna.

Arrabal Tune

Neighbourhood silver plated
by the moon, rumors of
milonga is all its fortune.

Melodie der Vorstadt

Stadtviertel, versilbert durch
den Mond, der Klang der Milonga ist sein ganzer Reichtum.

Mélodie du faubourg

Quartier argenté sous la lune,
rumeurs de musique de milonga, c'est là toute sa fortune.

Tango
Letra, Lyrics, Text, Texte: Mario Battistella
Música, Music, Musik, Musique: Alfredo Le Pera

El Viejo Almacén

Parque Lezama · Lezama Park · Lezama Park · Parque du Lezama

Iglesia Rusa · Russian Church · Russische Kirche · Église russe

Plaza de Mayo

La Plaza de Mayo es el corazón de la Argentina. Allí están la Catedral, el viejo Cabildo, el Banco Nación y la Casa de Gobierno.

The Plaza de Mayo is the heart of Argentina. The Cathedral, the old colonial Cabildo, the National Bank and the Government House are placed around the main square.

Die Plaza de Mayo ist das Herz von Argentinien. Die Kathedrale, das alte Rathaus, die Nazionalbank und das Regierungsgebäude befinden sich an diesem Platz.

La Place de Mai, c'est le cœur de l'Argentine. Là, se trouvent la Cathédrale, le vieux Cabildo, la Banque Nationale et la Maison du Gouvernement.

Granaderos · Grenadiers · Granadiere · Grenadiers

Casa Rosada · Government house · Regierungsgebäude · Maison du Gouvernement

Plaza de Mayo

Cabildo · Town Hall · Rathaus · Hôtel de Ville

Catedral · Cathedral · Katedrale · Cathédrale

Catedral · Cathedral · Katedrale · Cathédrale

Mausoleo del General San Martín · Tomb of General San Martín · Grab des General San Martín · Tombeau du General San Martín

Christobal Colón

25 MAYO 1810

Consejo deliberante · Municipal Cou
· Rathaus · Conseil Munici

La Prensa

Avenida de Mayo

La Avenida de Mayo une la Plaza de Mayo con el Congreso Nacional.

The Avenida de Mayo links the Plaza de Mayo with the National Congress.

Die Avenida de Mayo verbindet die Plaza de Mayo mit dem Parlament.

L'Avenue de Mai communique la Plaza de Mayo avec le Palais du Congrès National.

Café Tortoni

Café El Molino

Pasaje Ba

A. Rodin El Pensador · The Th   · Der Denker · Le Penseur

Centro

En el centro de Buenos Aires se desarrollan las principales actividades políticas, administrativas, culturales, económicas y financieras de la ciudad y del país.

Downtown Buenos Aires is the place where the principal political, administrative, cultural and economic activities of the country are carried on.

Im Zentrum von Buenos Aires wird das politische, administrative, kulturelle und finazielle Leben des Landes abgewickelt.

Au centre de Buenos Aires se déroulent les activités politiques, administratives, culturelles, économiques et financières de la ville et du pays.

Avenida 9 de Julio

Obelisco · Obeslisk · Obeslisk · Obélisque

Teatro Colón

Teatro Colón

Corrientes y Esmeralda

Esquina porteña, este milonguero te ofrece su afecto más hondo y cordial. Cuando con la vida, este cero a cero te prometo el verso más rante y canero para hacer el tango, que te haga inmortal.

Corrientes & Esmeralda Steet

Coner of Buenos Aires, this milonga singer offers you all his deepest affection. When I am even with my life, I promise you to write a tango that will make you immortal.

Corrientes Ecke Esmeralda

Ecke von Buenos Aires, dieser Milonga-Sänger bietet Dir seine tiefste und herzlichste Zuneigung. Wenn ich mit dem Leben auf gleich bin, dann verspreche ich Dir den wüstesten Vers, um den Tango zu machen, der Dich unsterblich macht.

Avenue Corrientes et rue Esmeralda

Coin de rue de Buenos Aires, ce danseur de milongas t'offre son attachement profond et cordial. Quand au cours de la vie, ce sans rond dans sa poche, je te promets les vers le plus sans vergogne et banlieusards pour créer un tango qui te rende immortelle.

Tango
Letra, Lyrics, Text, Texte: Celedonio Flores   Música, Music, Musik, Musique: Francisco Pracánico

City

Catalinas

Puerto Madero

Puerto Madero, el viejo puerto reciclado, se ha convertido en el barrio más moderno de Buenos Aires.

Puerto Madero, the old, now restored port, has become Buenos Aires' most modern neighbourhood.

Puerto Madero, der alte, jetzt erneuerte Hafen, ist heute das modernste Stadtviertel von Buenos Aires.

Puerto Madero, le vieux port recyclé, est devenu le quartier le plus moderne de Buenos Aires.

Puerto Madero (Foto: Enrique Hoss)

Fragata Sarmiento

L. Mor. Fuente de las Nereidas · Nereids' Fountain · Nereiden Brunnen · Fontaine des Néréides

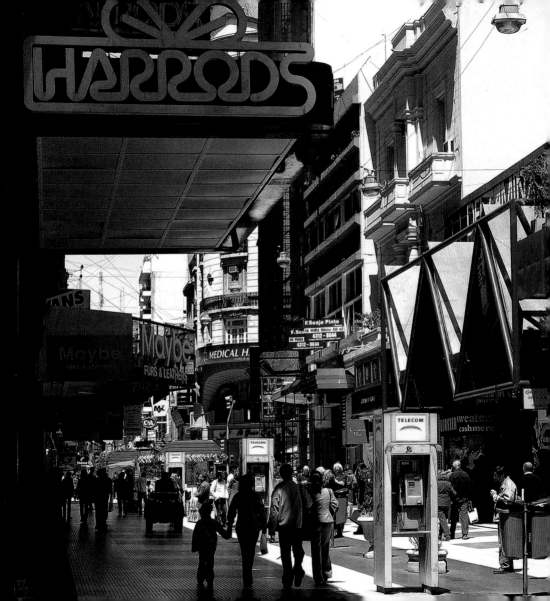

Florida

La calle Florida une Plaza San Martín con la Plaza de Mayo. Es la calle comercial más famosa de Buenos Aires.

Florida Street links Plaza San Martín and Plaza de Mayo. It is the most famous street of Buenos Aires.

Die Strasse Florida verbindet Plaza San Martín mit der Plaza de Mayo. Sie ist die berühmteste Strasse von Buenos Aires.

La rue Florida unit la Place San Martín à la Place de Mayo. C'est la rue commerciale par excellence, la plus renommée de Buenos Aires.

Galerías Pacífico

Plaza San Martín

Alrededor de la Plaza San Martín se construyeron grandes palacios y edificios, orgullo de los porteños.

Around Plaza San Martín beautiful palaces and buildings were built. The porteños (inhabitants of Buenos Aires) are proud of this square.

Um die Plaza San Martín stehen grosse Palais und Hochhäuser. Sie sind der Stolz der Porteños.

Autour de la Place San Martín il s'est construit des grands palais et édifices, un orgeuil pour les habitants de la Ville.

Edificio Kavanagh

General José de San Martín

Torre de los Ingleses · English Tower · Englischer Turm · Tour des Anglais

Palacio San Martín

Museo Fernández Blanco

Retiro

Los trenes del interior del país llegaban a Buenos Aires trayendo mercadería al puerto.

The railway lines got to the port of Buenos Aires transporting the produce across the country.

Die Entwicklung des Eisenbahnnetzes wurde auf den Hafen von Buenos Aires ausgerichtet. Die Produkte des Landes wurden nach Buenos Aires befördet.

Les trains en provenance de l'interieur du pays, arrivent à Buenos Aires, transportant marchandises qui seront embarquées au port.

Recoleta

En el barrio de la Recoleta, Buenos Aires sueña con ser París. Aquí están los museos de arte más importantes.

The elegant neighbourhood called Recoleta resembles Paris. Here one can find the most important art museums.

Im Stadtviertel Recoleta, träumt Buenos Aires von Paris. Hier sind die wichtigsten Museen.

Dans le quartier de la Recoleta, Buenos Aires rêve de devenir Paris. C'est là que se trouvent les musées les plus important.

Avenida Alvear

San Martín de Tours

Nuestra Señora del Pilar

FATHER FAHY

Museo Nacional de Bellas Artes · National Museum of Fine Arts · Museum der Schönen Künste · Musée des Beaux Arts

Centro Cultural Recoleta · Recoleta Cultural Centre ·
Kulturzentrum Recoleta · Centre Culturel Recoleta

Esculturas en el parque · Sculptures in the Park · Skulpturen im Park · Sculptures dans le parc

Embajada de Francia · French Embassy · Französische Botschaft · Ambassade de France

Embajada del Brasil · Brazilian Embassy · Brasilianische Botschaft · Ambassade du Bresil

Plaza Carlos Pellegrini

Cafetín de Buenos Aires

Como una escuela de todas las
cosas, ya de muchacho me diste
entre asombros: el cigarrillo, la
fe en mis sueños y una esperan-
za de amor.

Cafetín of Buenos Aires

As a school that teaches all
things, in my youth you gave
me in wonder a good smoke…
a faith in my dreams
and a hope for love.

Kleines Café von Buenos Aires

Wie eine Schule für's Leben
gabst Du schon mir staunen-
dem Jüngling: die Zigarette, den
Glauben an meine Träume und
eine Hoffnung auf Liebe.

Petit café de Buenos Aires

Comme dans une école de
toutes les matières, très
jeune tu m'as appris parmi
mes étonnements : la ciga-
rette, la foi et mes rêves et
une espérance d'amour.

Tango
Letra, Lyrics, Text, Texte: Enrique Santos Discépolo
Música, Music, Musik, Musique: Mariano Mores

Palermo

En el Parque de Palermo, el barrio más verde de
Buenos Aires, están el Zoológico, el Jardín Botánico y
el Planetario.

In Palermo Park, the greenest neighbourhood of Buenos
Aires, one can visit the Zoo, the Botanical Garden and
the Planetarium.

Palermo ist die grüne Lunge der Stadt. Der Zoo, der Botanische Garten und das Planetarium befinden sich in
diesem Stadtteil.

Dans le parc de Palermo, le quartier le plus vert de Buenos Aires, on découvre le Jardin Zoologique, le Jardin
Botanique et le Planétaire.

Jardín Japonés · Japanese Garden · Japanischer Garten · Jardin japonais

Parque de Palermo

Jardín botánico · Botanical Garden · Botanischer Garten · Jardin Botanique

Ceibo, Erytrina Crista Galli

San Isidro, Tigre, Luján, Pampa

San Isidro, el delta del Tigre, Luján y las estancias son los lugares preferidos para una excursión en los alrededores de Buenos Aires.

San Isidro, the delta in El Tigre, Luján and the farms out-side Buenos Aires are the places where the people from the city go for the weekends.

San Isidro, das Tigre-Delta, Luján und die Estancias sin beliebte Ausflugziele der Porteños (Einwohner von Bue-nos Aires).

San Isidro, le delta du Tigre, Luján et les "estancias" près de Buenos Aires sont autant d'endroits pour des pro-menades ou fins de semaine.

San Isidro

San Isidro

CATEDRAL DE SAN ISIDRO

Tigre

Tigre

Asado

Santa Susana

Palo boracho. *Chorisia speciosa*

Luján

San Antonio de Areco

San Antonio de Areco

San Isidro, Tigre, Luján, Pampa

San Isidro, el delta del Tigre, Luján y las estancias son los lugares preferidos para una excursión en los alrededores de Buenos Aires.

San Isidro, the delta in El Tigre, Luján and the farms outside Buenos Aires are the places where the people from the city go for the weekends.

San Isidro, das Tigre-Delta, Luján und die Estancias sin beliebte Ausflugziele der Porteños (Einwohner von Buenos Aires).

San Isidro, le delta du Tigre, Luján et les "estancias" près de Buenos Aires sont autant d'endroits pour des promenades ou fins de semaine.

San Isidro

San Isidro

CATEDRAL DE SAN ISIDRO

Tigre

Tigre

Asado

Santa Susana

Palo borracho, *Chorisia speciosa*

Luján

San Antonio de Areco

San Antonio de Areco